For Geraldine, Joe, Naomi,
Eddie, Laura and Isaac
M.R.

For Amelia
H.O.

Published by arrangement with
Walker Books Ltd, London
Dual language edition first published 2000
by Mantra
This edition published 2005
Global House, 303 Ballards Lane, London N12 8NP
http://www.mantralingua.com

Printed in Italy

نحن ذاهبون لكي نصيد دبا

We're Going on a Bear Hunt

Retold by

Michael Rosen

Illustrated by

Helen Oxenbury

mantra

نحن ذاهبون لكي نصيد دبا.
نحن ذاهبون لصيد دب كبير.
ياله من يوم جميل!
لسنا خائفين، لسنا خائفين.

We're going on a bear hunt.
We're going to catch a big one.
What a beautiful day!
We're not scared.

يا إلهي! إنه عشب!
عشب ظويل متموج.
لا يمكننا أن نسير فوقه.
لا يمكننا أن نسير تحته.

Uh-uh! Grass!
Long wavy grass.
We can't go over it.
We can't go under it.

يا إلهي!
علينا أن نسير فيه!

Oh no!
We've got to go through it!

إنه يرفرف. إنه يهفهف

إنه يرفرف. إنه يهفهف.

إنه يرفرف. إنه يهفهف.

Swishy swashy!
Swishy swashy!
Swishy swashy!

نحن ذاهبون لكي نصيد دبا.
نحن ذاهبون لصيد دب كبير.
ياله من يوم جميل!
لسنا خائفين، لسنا خائفين.

We're going on a bear hunt.
We're going to catch a big one.
What a beautiful day!
We're not scared.

يا إلهي! إنه نهر!
نهر بارد عميق.
لا يمكننا أن نسير فوقه.
لا يمكننا أن نسير تحته.

Uh-uh! A river!
A deep cold river.
We can't go over it.
We can't go under it.

يا إلهي!
علينا أن نسير فيه!

Oh no!
We've got to go through it!

إنه يموج! إنه يثور!

إنه يموج! إنه يثور!

يموج ويموج! ويثور!

Splash splosh!
Splash splosh!
Splash splosh! splosh!

نحن ذاهبون لكي نصيد دبا.
نحن ذاهبون لصيد دب كبير.
ياله من يوم جميل!
لسنا خائفين، لسنا خائفين.

We're going on a bear hunt.
We're going to catch a big one.
What a beautiful day!
We're not scared.

يا إلهي! إنه وحل!
وحل لزج سميك
لا يمكننا أن نسير فوقه.
لا يمكننا أن نسير تحته.

Uh-uh!Mud!
Thick oozy mud.
We can't go over it.
We can't go under it.

يا إلهي!
علينا أن نسير فيه!

Oh no!
We've got to go through it!

نكاد نسقط، نكاد نقع!

نكاد نسقط، نكاد نقع!

نكاد نسقط، نكاد نقع!

Squelch squerch!
Squelch squerch!
Squelch squerch!

نحن ذاهبون لكي نصيد دبا.
نحن ذاهبون لصيد دب كبير.
ياله من يوم جميل!
لسنا خائفين، لسنا خائفين.

We're going on a bear hunt.
We're going to catch a big one.
What a beautiful day!
We're not scared.

يا إلهي! إنها غابة!
غابة كبيرة مظلمة.
لا يمكننا أن نسير فوقها.
لا يمكننا أن نسير تحتها.

Uh-uh! A forest!
A big dark forest.
We can't go over it.
We can't go under it.

يا إلهي!
لا بد أن نسير فيها!

Oh no!
We've got to go through it!

تكاد أقدامنا تزل!

تكاد أقدامنا تزل!

تكاد أقدامنا تزل!

Stumble trip!
Stumble trip!
Stumble trip!

نحن ذاهبون لكي نصيد دبا.
نحن ذاهبون لصيد دب كبير.
ياله من يوم جميل!
لسنا خائفين، لسنا خائفين.

We're going on a bear hunt.
We're going to catch a big one.
What a beautiful day!
We're not scared.

يا إلهي! إنها عاصفة ثلجية!

عاصفة ثلجية تلف وتدور.

لا يمكننا أن نسير فوقها.

لا يمكننا أن نسير تحتها.

Uh-uh! A snowstorm!
A swirling whirling snowstorm.
We can't go over it.
We can't go under it.

يا إلهي!

لا بد أن نسير فيها.

Oh no!
We've got to go through it!

إنها مندفعة! إنها مخيفة!

إنها مندفعة! إنها مخيفة!

إنها مندفعة! إنها مخيفة!

Hoooo woooo!

Hoooo woooo!

Hoooo woooo!

نحن ذاهبون لكي نصيد دبا.
نحن ذاهبون لصيد دب كبير.
ياله من يوم جميل!
لسنا خائفين، لسنا خائفين.

We're going on a bear hunt.
We're going to catch a big one.
What a beautiful day!
We're not scared.

يا إلهي! إنه كهف

كهف ضيق كئيب.

لا يمكننا أن نسير فوقه.

لا يمكننا أن نسير تحته.

Uh-uh! A cave!
A narrow gloomy cave.
We can't go over it.
We can't go under it.

يا إلهي!

لا بد أن نسير فيه!

Oh no!
We've got to go through it!

بخفة وحذر!

بخفة وحذر! بخفة وحذر!

ما هذا!!

Tiptoe!
Tiptoe! Tiptoe!
WHAT'S THAT?

أنف مبللة براقة!

أذنان من الفرو كبيرتان!

عينان كبيرتان تحملقان!

إنه دُب!!!

One shiny wet nose!
Two big furry ears!

Two big goggly eyes!

IT'S A BEAR!!!!

أسرعوا! أسرعوا! فلنرجع عبر الكهف! بخفة وحذر! بخفة وحذر! بخفة وحذر!

Quick! Back through the cave! Tiptoe! Tiptoe! Tiptoe!

فلنرجع عبر العاصفة الثلجية! إنها تلف وتدور! إنها تلف وتدور!

Back through the snowstorm! Hoooo wooooo! Hoooo wooooo!

فلنرجع عبر الغابة! تكاد أقدامنا تزل! تكاد أقدامنا تزل!

Back through the forest! Stumble trip! Stumble trip!

فلنرجع عبر الوحل! نكاد نسقط ونقع! نكاد نسقط ونقع!

Back through the mud! Squelch squerch! Squelch squerch!

فلنرجع عبر النهر! إنه يموج! إنه يثور! إنه يموج! إنه يثور!

Back through the river! Splash splosh! Splash splosh!

فلنرجع عبر العشب! إنه يرفرف! إنه يهفهف!

Back through the grass! Swishy swashy!

وصلنا إلى باب بيتنا.
فلنفتح الباب. ونصعد السلم.

Get to our front door.
Open the door. Up the stairs.

يا إلهي! لقد نسينا أن نغلق باب بيتنا.
فلننزل السلم ثانية.

Oh no! We forgot to shut the front door.
Back downstairs.

فلنغلق الباب. ونصعد السلم.
إلى غرفة النوم.

Shut the door. Back upstairs.
Into the bedroom.

إلى الفراش.
تحت الغطاء.

Into bed.
Under the covers.

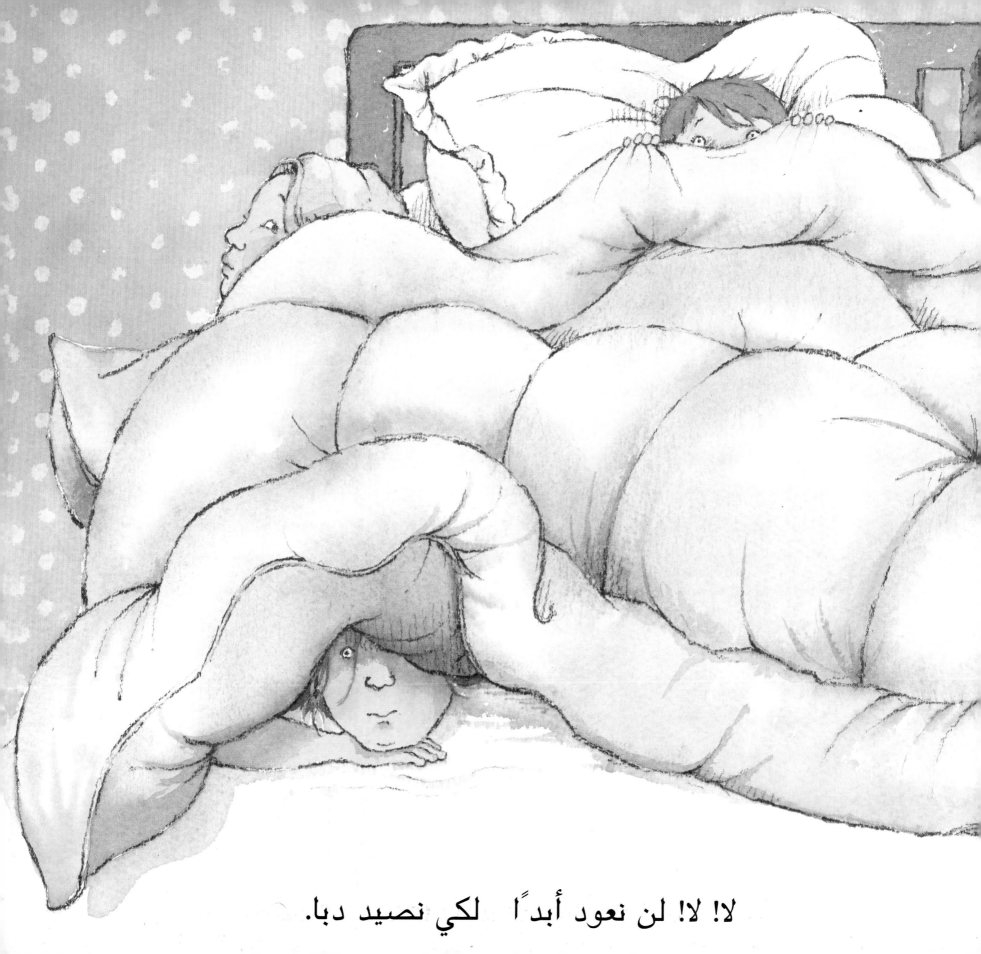

لا! لا! لن نعود أبدًا   لكي نصيد دبا.

We're not going on a bear hunt again.